La ciencia de los seres vivos

¿Qué es un perro?

Bobbie Kalman y Hannelore Sotzek

 Crabtree Publishing Company

www.crabtreebooks.com

Serie La ciencia de los seres vivos
Un libro de Bobbie Kalman

**En memoria de Werner Sotzek,
el líder de la manada**

Editora en jefe
Bobbie Kalman

Equipo de redacción
Bobbie Kalman
Hannelore Sotzek

Editora ejecutiva
Lynda Hale

Editoras
Niki Walker
Heather Levigne
Kate Calder

Editora de originales
Heather Fitzpatrick

Diseño por computadora
Lynda Hale

Coordinación de producción
Hannelore Sotzek

Consultora
Dra. Kim Michels, Doctora en
Medicina Veterinaria

Consultor lingüístico
Dr. Carlos García, M.D., Maestro bilingüe de Ciencias, Estudios Sociales y Matemáticas

Agradecimiento especial a
Barbara Kolk y la biblioteca del American Kennel Club; Karl Baker; Michael Malaney;
Pam Crossley; Nadine, Ceilidh, Suki y todos los otros "modelos" que aparecen en este libro.

Fotografías
Norvia Behling: páginas 9, 11 (parte superior), 13, 17, 19 (parte inferior), 23 (parte superior),
    25, 28 (parte superior), 29 (ambas)
Marc Crabtree: página 11 (parte inferior)
Peter Crabtree: página 31
Ron Kimball: portada, páginas 4 (ambas), 10, 12, 14, 16, 18 (parte inferior), 19 (parte superior izquierda y
    derecha), 20 (parte inferior), 21 (parte superior), 26, 27 (parte superior izquierda), 28 (parte inferior)
Rick Nesbitt: página 3
Reynolds' Stock Photos: páginas 20 (parte superior), 21 (parte inferior), 27 (parte superior derecha,
    parte inferior izquierda y derecha)
Paul Souders/Danita Delimont, agente: página 22
Stuart Westmorland/Danita Delimont, agente: página 24
Otras imágenes de Digital Stock y Eyewire, Inc.

Ilustraciones
Todas las ilustraciones por Barbara Bedell

Traducción
Servicios de traducción al español y de composición de textos suministrados por translations.com

Library and Archives Canada Cataloguing in Publication
Kalman, Bobbie, 1947-
    ¿Qué es un perro? / Bobbie Kalman & Hannelore Sotzek.

(La ciencia de los seres vivos)
Includes index.
Translation of: What is a dog?.
ISBN-13: 978-0-7787-8765-5 (bound)
ISBN-10: 0-7787-8765-6 (bound)
ISBN-13: 978-0-7787-8811-9 (pbk.)
ISBN-10: 0-7787-8811-3 (pbk.)

    1. Dogs--Juvenile literature. I. Sotzek, Hannelore II. Title.
III. Series: Ciencia de los seres vivos

SF426.5.K3518 2006   j636.7   C2006-904544-5

Library of Congress Cataloging-in-Publication Data
Kalman, Bobbie.
    [What is a dog? Spanish]
    ¿Qué es un perro? / written by Bobbie Kalman & Hannelore Sotzek.
       p. cm. -- (La Ciencia de los seres vivos)
    Includes index.
    ISBN-13: 978-0-7787-8765-5 (rlb)
    ISBN-10: 0-7787-8765-6 (rlb)
    ISBN-13: 978-0-7787-8811-9 (pbk.)
    ISBN-10: 0-7787-8811-3 (pbk.)
    1. Dogs--Juvenile literature. I. Sotzek, Hannelore, 1970- II. Title.
III. Series.

SF426.5.K3618 2006
428.1'3--dc22
                                                              2006024946

Crabtree Publishing Company

www.crabtreebooks.com   1-800-387-7650

Publicado en Canadá
Crabtree Publishing
616 Welland Ave.,
St. Catharines, ON
L2M 5V6

Publicado en los Estados Unidos
Crabtree Publishing
PMB16A
350 Fifth Ave., Suite 3308
New York, NY 10118

Publicado en el Reino Unido
Crabtree Publishing
White Cross Mills
High Town, Lancaster
LA1 4XS

Publicado en Australia
Crabtree Publishing
386 Mt. Alexander Rd.
Ascot Vale (Melbourne)
VIC 3032

Contenido

¿Qué es un perro?

Los perros son **mamíferos**. Como todos los mamíferos, el cuerpo de los perros está cubierto de pelaje o pelo. Las hembras llevan a las crías dentro del cuerpo hasta que nacen. Después, su cuerpo produce leche para alimentar a los recién nacidos.

Un lobo disfrazado de perro

Hace mucho tiempo, todos los perros eran salvajes. Vivían separados de la gente y cazaban para alimentarse. Con el tiempo, algunos perros salvajes comenzaron a vivir cerca de los seres humanos. Esos perros salvajes eran lobos. Se alimentaban de los restos de comida de la gente y se calentaban con sus fogatas. Poco a poco, dejaron de temerle a las personas.

(arriba) Los perros son amigos fieles. Mucha gente tiene perros como mascota.

(arriba) Estos cachorros de beagle se alimentan con leche de la hembra.

La domesticación de los lobos

La gente comenzó a usar a los lobos para cazar y protegerse y, desde hace más de 10,000 años, comenzaron a **domesticarlos**. Los entrenaron para vivir y trabajar con la gente. Los perros son uno de los primeros animales **domésticos**, es decir mansos.

Los perros y las personas

Después de que los perros fueron domesticados, las personas comenzaron a **criarlos** para que realizaran trabajos específicos o tuvieran cierto aspecto. Elegían perros con características comunes, como llevar cosas con cuidado, para que se **aparearan**. Así, las crías también tendrían esas características.

Todo sobre las razas

Con los años, el apareamiento de perros específicos creó varias **razas** o tipos de perros. Los perros que son de una sola raza son animales de **pura raza**. Algunos perros, sin embargo, son una mezcla de varias razas. A estos perros se les llama **mestizos**.

Primos salvajes

Actualmente, los perros que viven con las personas están domesticados. Aun que provienen de lobos y muchos todavía se comportan de manera salvaje, los perros no suelen actuar así para sobrevivir. La mayoría depende de las personas para alimentarse, mientras que sus primos salvajes deben cazar su alimento.

Árbol genealógico de los perros

Los perros son miembros de la familia de los **cánidos**. Hay cerca de 34 **especies** o tipos de cánidos, como lobos, coyotes, chacales y dingos. Otros tipos de perros salvajes son los zorros, los doles, los perros de monte y los perros salvajes africanos.

Hay sólo una especie de perro doméstico, pero hay cientos de razas. En América del Norte, muchas de las razas se suelen clasificar en siete grupos principales: perros de caza, sabuesos, terriers, perros de trabajo, perros pastores, perros que no son de caza y perros miniatura.

Hace mucho, mucho tiempo…

Los científicos creen que el ancestro más antiguo de los perros es un mamífero **carnívoro**, es decir, que comía carne, llamado **miacid**. Este animal vivió hace millones de años. También es el ancestro de las hienas, los gatos, los mapaches y los osos.

Lobos

El lobo gris y el lobo rojo son los dos únicos tipos auténticos de lobos. Viven principalmente en América del Norte, pero también hay lobos grises en Asia. El lobo de crin, no obstante, no es un lobo de verdad. Este cánido vive en América del Sur.

El lobo gris, a la izquierda, es el perro salvaje de mayor tamaño.

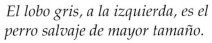

A este cánido se le conoce como lobo rojo, pero algunos tienen pelaje negro.

Perros salvajes

En la familia de los cánidos, los perros pertenecen al mismo grupo que los lobos, dingos, coyotes y chacales.

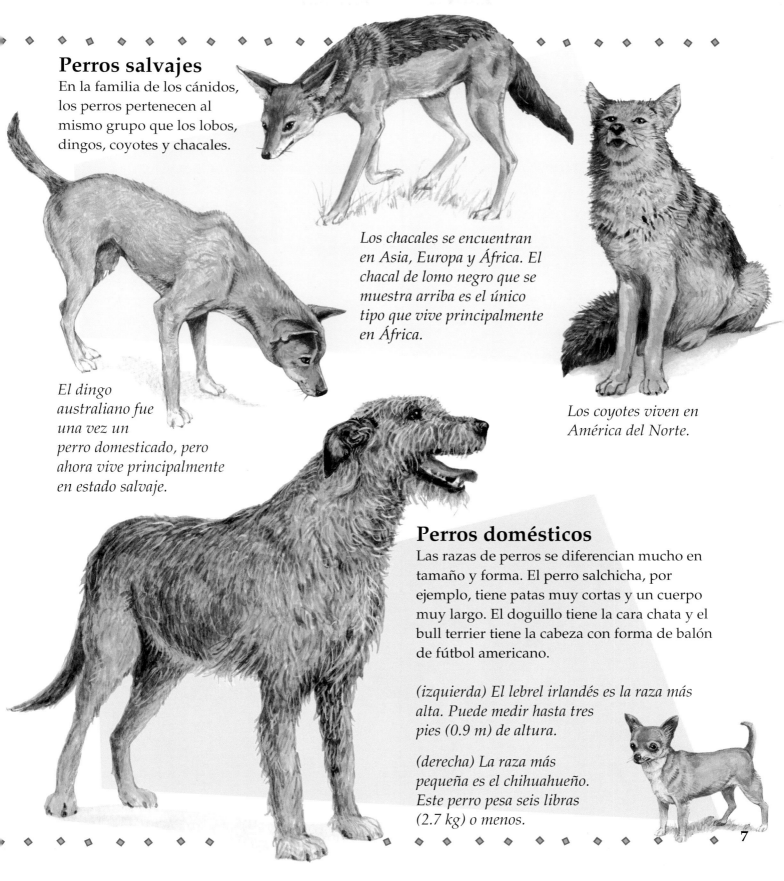

Los chacales se encuentran en Asia, Europa y África. El chacal de lomo negro que se muestra arriba es el único tipo que vive principalmente en África.

El dingo australiano fue una vez un perro domesticado, pero ahora vive principalmente en estado salvaje.

Los coyotes viven en América del Norte.

Perros domésticos

Las razas de perros se diferencian mucho en tamaño y forma. El perro salchicha, por ejemplo, tiene patas muy cortas y un cuerpo muy largo. El doguillo tiene la cara chata y el bull terrier tiene la cabeza con forma de balón de fútbol americano.

(izquierda) El lebrel irlandés es la raza más alta. Puede medir hasta tres pies (0.9 m) de altura.

(derecha) La raza más pequeña es el chihuahueño. Este perro pesa seis libras (2.7 kg) o menos.

7

El cuerpo de los perros

Todos los perros tienen un **hocico** o morro, cola y cuatro patas. El cuerpo del perro estaba diseñado originalmente para cazar. En la actualidad, la mayoría usa su cuerpo musculoso para correr y saltar.

Los perros usan la lengua para beber, acicalarse y refrescarse. Su sensible nariz está protegida por un tejido blando.

Su flexible columna vertebral les permite saltar y retorcerse, y también arrastrarse por espacios reducidos.

Se les **eriza** el pelo del lomo y la parte trasera del cuello cuando se sienten amenazados.

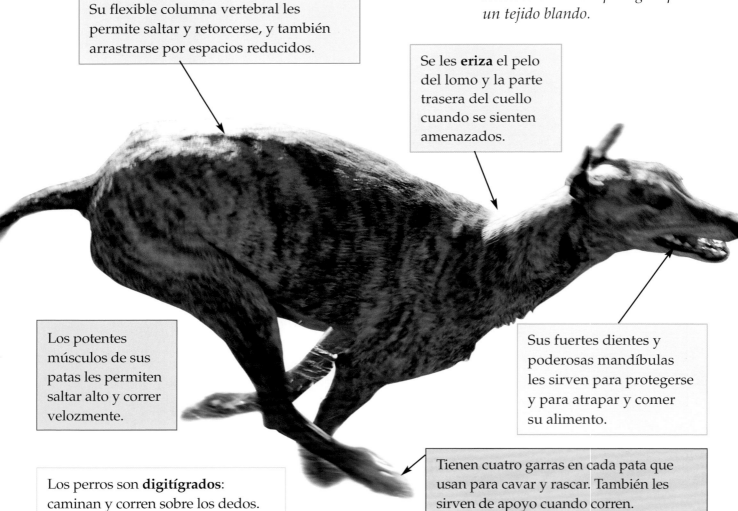

Los potentes músculos de sus patas les permiten saltar alto y correr velozmente.

Sus fuertes dientes y poderosas mandíbulas les sirven para protegerse y para atrapar y comer su alimento.

Los perros son **digitígrados**: caminan y corren sobre los dedos.

Tienen cuatro garras en cada pata que usan para cavar y rascar. También les sirven de apoyo cuando corren.

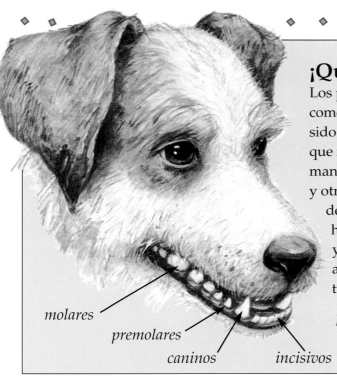

¡Qué dientes tan grandes tienes!

Los perros originalmente usaban los dientes para matar y comer otros animales. Muchos perros domésticos han sido criados para tener dientes más pequeños, de manera que no puedan matar, pero cada tipo de diente de la mandíbula de un perro todavía se usa para comer carne y otros alimentos. Los perros usan los **incisivos** o dientes delanteros para morder cosas o raspar la carne de los huesos. Necesita los **caninos** o colmillos para perforar y desgarrar, y los **premolares** para sostener el alimento. Los **molares** de los perros están en la parte trasera de la boca. Son los que usa para masticar.

El terrier Jack Russell tiene el mismo tipo de dientes que un perro grande.

molares

premolares

caninos

incisivos

Muchos pelajes

No todos los pelajes son iguales. El pelaje de un afgano es sedoso. El pequinés tiene pelo largo. El galgo inglés tiene pelo suave y corto. Algunos perros, como el perro de aguas irlandés, tienen pelaje rizado, mientras que el de algunos terriers es áspero. El pelo de los perros cobradores está adaptado para estar en el agua, y los caniches no pierden pelo. Los pastores húngaros tienen largos mechones que les cuelgan casi hasta el suelo. Otros perros, como los dálmatas, tienen manchas en el pelaje.

Unos pocos perros, como este crestado chino, tienen poco o nada de pelo.

Supersentidos

Los perros que viven en estado salvaje dependen de los sentidos del oído, del olfato y de la vista para atrapar a su **presa** y alimentarse de ella. Los perros domésticos también pueden cazar animales, pero usan sus sentidos principalmente para detectar enemigos e identificar personas y objetos.

¿Eh?

Los perros tienen un excelente sentido del oído. Pueden oír una gama más amplia de sonidos que las personas, incluso sonidos muy agudos. Muchos animales pequeños, como las ratas, producen este tipo de sonidos. Al ponerles atención a estos sonidos, es más probable que los perros encuentren los animales que cazan. El oído de los perros es tan agudo que pueden sentir la diferencia entre las pisadas de alguien conocido y de un desconocido.

Muchos perros, como este pastor alemán, pueden levantar y girar sus grandes orejas en la dirección del sonido para escuchar con más claridad.

Para olerte mejor…

Los perros tienen un agudo sentido del olfato. El interior de su nariz está recubierto por capas húmedas llamadas **epitelios nasales**, que pueden atrapar los aromas que el perro **inhala** o respira. Muchos tienen nariz larga, por lo que tienen más espacio para estas capas. Además, todos tienen un **órgano de Jacobson**, que se encuentra en el paladar. Este órgano les sirve para detectar olores y sabores específicos. Por lo tanto, los perros pueden detectar una gran variedad de aromas. Algunos científicos creen que el sentido del olfato de los perros es cien veces más agudo que el de los seres humanos.

Los perros usan su sensible sentido del olfato para localizar la comida que han enterrado.

*Los perros tienen buena visión nocturna. Tienen una delgada capa llamada **tapetum** en los ojos. Esta capa refleja la luz como un espejo para ayudar al perro a cazar roedores y otras presas que salen principalmente de noche.*

¡Te veo!

Los perros tienen buena **visión periférica**; pueden ver cosas a ambos lados del cuerpo sin tener que girar la cabeza. Pueden ver objetos en movimien to más rápidamente que aquellos que están quietos. Tal vez no noten a una ardilla inmóvil, pero la detectarán si está corriendo.

Los perros son **daltónicos**, es decir que no pueden ver algunos colores. Para cazar, no necesitan ver colores. Sin embargo, no ven en blanco y negro. Los científicos creen que los perros ven tonos de azul, además de amarillo y verde aunque, al contrario que las personas, no ven el rojo.

El líder de la manada

Los perros suelen vivir en grupos llamados **manadas**, que pueden tener dos o más miembros. La manada de un perro puede estar formada por perros de su familia, otros perros y hasta personas. Son animales **sociales**: necesitan la compañía de los demás. La manada también brinda protección. Los perros advierten a otros miembros de la manada sobre los peligros y se protegen unos a otros de los enemigos. Los perros callejeros también pueden formar una manada para ayudarse a buscar alimento, porque cazar en grupo es más fácil que buscar alimento solos.

El perro líder

Cada manada tiene una **jerarquía** u orden. Cada miembro tiene su lugar. El líder es el perro más **dominante**. o necesariamente es el perro más grande, sino el más seguro de sí mismo. Todos los demás son **sumisos**. Estos perros están por debajo del dominante y comen después de que lo hace el líder. Tener una jerarquía reduce las peleas dentro de la manada porque los perros sumisos no desafían al dominante.

Cuidado con el perro

El hogar de un perro es su **guarida**. Los perros marcan los límites del **territorio** de la manada, o el área que rodea su guarida, con orina y heces. Estas áreas marcadas se llaman **puntos de olor**. Si un perro detecta el olor de otro animal en su territorio, lo puede cubrir con su propio olor. A fin de defender su territorio, el perro ladra a los intrusos para advertirles que no lo invadan.

Una nariz conocedora

Los perros usan el olor para identificar a los miembros de la manada. Unas **glándulas** de su cuerpo producen olores especiales. Un perro puede saber si el perro que está olfateando es dominante o sumiso, macho o hembra. Algunos perros ruedan sobre restos o heces de animales a fin de tener un olor más fuerte.

Este perro negro muestra que es sumiso echándose al suelo y exponiendo el vientre.

Comunicación

Los perros se **comunican** o envían mensajes a otros perros, animales y personas para mostrarles cómo se sienten. Usan gestos y lenguaje corporal para recordarles a los miembros de la manada y a otros animales qué lugar ocupan.

¡Necesito atención!

Los perros usan el tacto para dar y recibir cariño. Un perro te indicará si necesita atención tocándote con la pata. Hasta puede lamerte y hacer ruidos para que le prestes atención. Tocar y lamer también sirve para dejar su olor. Al colocar su olor en otros perros, los puede identificar como parte de la manada.

Grrrr, guau, yodeley-di-hu

Otra forma en que los perros se comunican es mediante sonidos. Un gruñido es una amenaza para los enemigos, y un ladrido es una advertencia de peligro. Cuando les duele algo, pueden gemir o incluso aullar. Los sabuesos aúllan cuando están solos o se quieren comunicar con los demás, pero los basenji no aúllan ni ladran nunca. Estos perros hacen un ruido que parece un canto tirolés.

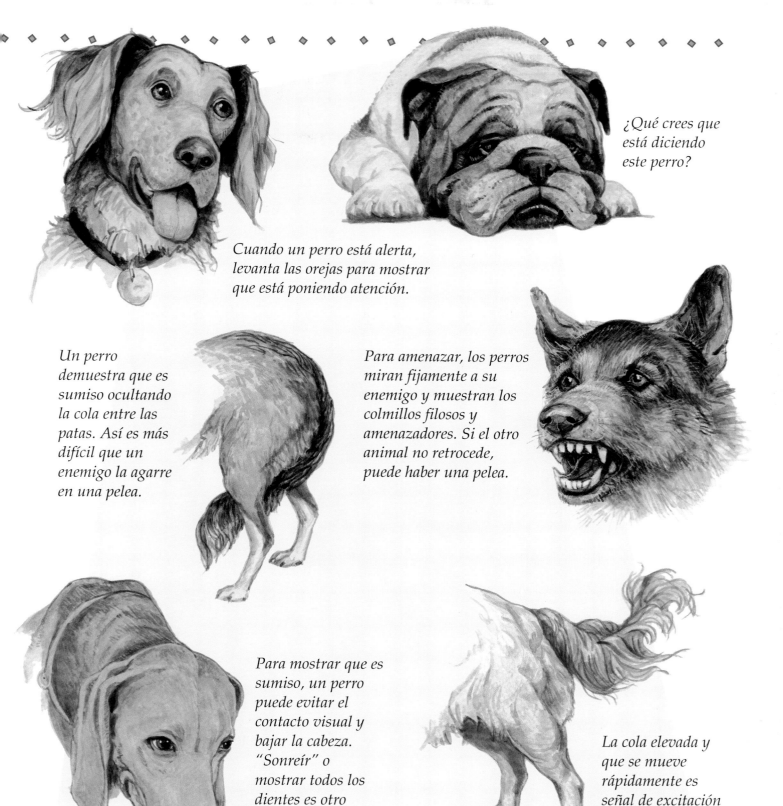

¿Qué crees que está diciendo este perro?

Cuando un perro está alerta, levanta las orejas para mostrar que está poniendo atención.

Un perro demuestra que es sumiso ocultando la cola entre las patas. Así es más difícil que un enemigo la agarre en una pelea.

Para amenazar, los perros miran fijamente a su enemigo y muestran los colmillos filosos y amenazadores. Si el otro animal no retrocede, puede haber una pelea.

Para mostrar que es sumiso, un perro puede evitar el contacto visual y bajar la cabeza. "Sonreír" o mostrar todos los dientes es otro signo de sumisión.

La cola elevada y que se mueve rápidamente es señal de excitación y deseos de jugar.

15

Cachorros

Las crías de los perros se llaman cachorros. Las hembras llevan a las crías dentro del cuerpo unos dos meses hasta que nacen. Justo antes de estar lista para **parir**, o dar a luz, busca un lugar cálido y protegido. Allí nacerá la **camada** o grupo de cachorros.

Los cachorros dependen de la madre para obtener comida, calor y protección. La madre lame el cuerpo de los recién nacidos para que puedan respirar y orinar. Después los **acicala**, es decir, los limpia hasta que puedan hacerlo solos.

Una perra puede tener hasta dos camadas por año. La cantidad de cachorros por camada varía según la raza. Pueden ser de un solo cachorro, o ¡hasta dieciocho!

El alimento de los cachorros

Justo después de nacer, los cachorros buscan alimento. Se arrastran hasta la madre y toman leche de sus mamas.

A las tres semanas, les empiezan a salir los dientes y están listos para ser **destetados**. Dejan de tomar la leche de la madre y comienzan a comer alimentos blandos, que son fáciles de **digerir** o descomponer. La madre hasta puede **regurgitar** o escupir comida para los cachorros. Alrededor de las seis semanas de vida, la mayoría de los cachorros pueden comer alimentos sólidos.

Crecimiento

Durante las dos primeras semanas de vida, los cachorros pasan casi todo el tiempo comiendo y durmiendo. No pueden ver ni oír. Finalmente, abren los ojos y las orejas también. A las cuatro o seis semanas, están listos para comenzar a explorar. A las doce semanas, son más activos y curiosos, pero todavía no pueden vivir sin cuidado y protección.

Jugar al tira y afloja les ayuda a desarrollar las habilidades de caza. Tirar representa una acción similar a la de desgarrar una presa.

Perros de caza

Tiempo atrás, las personas criaron perros de caza para ayudar en la cacería de aves. Hay cuatro tipos principales de **perros de caza**: cobradores, pointers, setter y spaniel. Todos tienen excelentes habilidades para rastrear y cazar.

Cobradores

Los cobradores o retrievers se criaron para encontrar y recuperar presas, en especial en el agua. Su pelaje espeso y aceitoso impide que el agua llegue a la piel. La mayoría son excelentes nadadores y nadan grandes distancias para cobrar aves acuáticas, como los patos. Los Chesapeake Bay tienen patas **palmeadas**. Las membranas que conectan los dedos les sirven para nadar mejor.

Los cobradores llevan los animales con cuidado para que los dientes no perforen la presa.

Pointers y setters

Los pointers y los setters buscan la presa y le muestran al cazador dónde está. Cuando estos perros detectan aves, no las persiguen. El pointer se queda quieto y "apunta" con el cuerpo al lugar donde está la presa. Los setters no señalan. En cambio, se agachan y dirigen a los cazadores hacia la presa.

(arriba a la izquierda) Un pointer mantiene su posición hasta que se le ordena que se mueva.

(arriba) El denso pelaje del setter inglés lo protege de los arbustos y los pastos duros.

Spaniels

Los spaniels se criaron originalmente para hacer salir o asustar animales que descansaban en la hierba y los arbustos. Son más bajos que otros tipos de perros de caza. Su cuerpo está cerca del suelo, lo que les permite acercarse en sigilo a la presa que se oculta entre las hierbas altas.

(derecha) El cocker spaniel es la raza más pequeña de perros de caza. Puede correr velozmente durante largos períodos.

Sabuesos

Originalmente, los sabuesos fueron criados para cazar animales del bosque, como conejos, zorros, ciervos, osos y alces. Hay dos categorías de sabuesos: de vista y de olfato.

Sabuesos de vista

Los sabuesos de vista tienen buena vista y pueden detectar a la presa con facilidad. Estos perros de patas largas pueden acelerar con rapidez y correr a gran velocidad para atrapar presas rápidas como los conejos.

Sabuesos de olfato

Los sabuesos de olfato usan su agudo sentido del olfato para rastrear animales. Muchos tienen el cuerpo cerca del suelo, lo que les permite olfatear animales que viven bajo tierra, como zorros y tejones. Los sabuesos pueden perseguir a su presa mucho tiempo. Cuando la presa se cansa, es fácil atraparla.

Muchos tipos de sabuesos de olfato, como este basset, tienen orejas largas que no pueden levantar con facilidad. Algunas personas piensan que las orejas largas les ayudan a percibir los olores del suelo.

(arriba) El afgano tiene un pelaje sedoso que desarrolló para mantenerse caliente en su hogar montañoso en Afganistán.

Terriers

Los terriers fueron criados para cazar animales pequeños, como las ratas, que viven en el suelo. Algunos ayudan a los cazadores haciendo que la presa salga de su madriguera. Otros la matan. Hay dos tipos de terriers: de patas cortas y de patas largas.

Terriers de patas cortas

Los terriers de patas cortas tienen cuerpo pequeño, apto para trabajar en espacios angostos o bajo tierra. Estos perros usan las patas delanteras para cavar en las madrigueras. Al cavar túneles, los terrier de patas cortas patean piedras y tierra para no quedar atrapados por la tierra suelta.

Terriers de patas largas

Los terrier de patas largas son demasiado grandes para cazar en madrigueras. En lugar de ello, usan sus patas largas y delgadas para cavar y patear la tierra detrás de ellos. Muchos terriers de patas largas tienen orejas caídas para evitar que les entre tierra.

El terrier escocés o cairn se hizo popular en Escocia, donde cazaba presas tales como zorros, que viven en zonas pedregosas. La palabra "cairn" hace referencia a un montón de piedras.

El bull terrier de Staffordshire es distinto de la mayoría de los demás terriers de patas largas. Tiene pecho ancho y patas separadas, y originalmente se crió para pelear.

Perros de trabajo

La mayoría de los perros de trabajo tienen cuerpo grande y musculoso, que los hace aptos para cuidar, rescatar o tirar de algo. Aprenden con rapidez y hacen bien su trabajo. El gran danés, el terranova, el rottweiler y el bóxer son ejemplos de perros de trabajo.

Perros de arrastre

Muchos perros son entrenados para arrastrar cargas. Algunos tiran de carros llenos de semillas u objetos pesados. A menudo se usan equipos de perros para tirar trineos con personas y provisiones sobre el hielo y la nieve.

Las carreras de trineos tirados por perros son un deporte desafiante. La de Iditarod, en Alaska, cubre una distancia de 1,150 millas (1851 km) y puede durar entre diez a diecisiete días. En una carrera de larga distancia como ésta, un equipo usa entre doce y dieciséis perros esquimales.

Perros guardianes

Los perros guardianes son fuertes, están atentos y tienen aspecto amenazador. La policía confía en ellos para tareas arriesgadas en situaciones peligrosas. Muchas personas los usan para protegerse y proteger sus bienes.

Perros de rescate

Los perros de rescate trabajan en situaciones de emergencia. Asisten a personas que están en peligro. Algunos buscan víctimas de avalanchas en laderas de montañas. Otros son buenos nadadores y ayudan en los rescates en el mar.

Los dóberman son buenos vigilantes porque son obedientes y rápidos.

Los san Bernardo pueden encontrar viajeros perdidos en la nieve. Ayudan a revivir a las víctimas lamiéndoles la cara. Estos perros también mantienen caliente a la víctima acostándose a su lado. El calor de su cuerpo ayuda a que las víctimas permanezcan con vida.

Perros pastores

Los perros pastores ayudan a cuidar **ganado**, como ovejas y vacas. Reúnen a los animales y los guían de un lugar a otro para asegurarse de que no se pierdan. También los protegen de los **depredadores**, o animales que cazan y comen otros animales. Todos los perros pueden cazar, pero los pastores están entrenados para no cazar los animales que protegen.

El pelaje de muchos pastores les sirve para confundirse con el entorno. El viejo pastor inglés tiene un pelaje largo y gris similar a la lana de las ovejas. Este tipo de **camuflaje** ayuda a los perros a ocultarse entre los animales que protegen. Así pueden sorprender a los depredadores desprevenidos. Su denso pelaje también los protege cuando pelean con los depredadores.

El border collie es originario de Escocia, pero ahora se usa como pastor en granjas de todo el mundo. Éste arrea una manada de cerdos.

Estilos de pastoreo

Cada perro tiene su propio método de pastoreo. Algunos persiguen a las ovejas que se separan del rebaño y las llevan de vuelta al grupo. Otros corren alrededor de todo el rebaño para reunir a los animales y dirigirlos al lugar correcto. En algunas granjas, los perros pastores trabajan solos, y en otras trabajan en grupos.

Los Welsh corgis tienen patas cortas, así que su cuerpo está cerca del suelo. Estos pequeños perros no les temen a los grandes animales que cuidan. Para dirigir las ovejas o el ganado suelto, este perro les mordisquea los talones.

Perros que no son de caza

Años atrás, los dálmatas corrían junto a los caballos y carruajes para proteger a los pasajeros de los ladrones. Después, los bomberos los usaron para controlar a los caballos que tiraban de los carros de bomberos.

Originalmente, había dos grupos principales de perros: los de caza y los que no son de caza. Hoy en día hay siete grupos. Muchas razas que no fueron criadas para caza ahora pertenecen al grupo de perros que no son de caza. Los perros de este grupo tienen formas y habilidades muy variadas.

(arriba) Los keeshonds eran populares en Holanda, donde servían como guardianes en granjas y barcos.

(arriba) El chow chow es una de las razas más antiguas, y ha existido por más de 2,000 años. Es la actualidad es conocido por su lengua negra azulada.

(abajo) El Lhasa apso se usaba como perro guardián en los lugares sagrados del Tíbet.

(arriba) El sharpei chino es conocido por su pelaje corto y áspero y su piel arrugada. Su nombre significa "piel de arena". Como el chow chow, el sharpei chino tiene la lengua negra azulada.

Perros miniatura

Los perros miniatura son las razas de perros de menor tamaño. Han sido criados a partir de perros más grandes, como los sabuesos, perros de caza y terrier. Estos perros brindan compañía y protección a las personas.

El perro perfecto

A los perros miniatura a menudo se les llama **perros falderos** porque caben cómodamente en la falda o regazo de una persona. Son fáciles de alzar y llevar. Su tamaño los convierte en el perro ideal para vivir en lugares pequeños, como apartamentos. Estos perros no necesitan mucho espacio para hacer ejercicio y se adaptan bien a la vida en las ciudades.

Posibles amigos

Aunque los perros miniatura no parecen feroces ni amenazadores, muchos pueden ser agresivos cuando es necesario. Son muy protectores de su territorio y manada. Su agudo ladrido advierte a los extraños para que no se acerquen a su territorio.

(arriba) El nombre del Shih Tzu proviene de una palabra china que significa "león".

(izquierda) El chihuahueño tiene el nombre de un estado de México.

Perros en peligro

Como las personas han sacado a los perros de su estado salvaje, son responsables de ellos. Si no los cuidan bien, los animales pueden sufrir enfermedades, maltrato y otros peligros.

Fábricas de cachorros

Una **fábrica de cachorros**, como la que se muestra a la derecha, es una empresa de propiedad de una persona que cría muchos perros para ganar la mayor cantidad de dinero posible. Las hembras sólo producen cachorros. Tener tantas camadas hace que se enfermen y mueran. Los cachorros a menudo también se enferman.

El problema con las razas

Se han desarrollado distintas razas porque las personas han creado lo que ellos creen que es el perro ideal. Algunas razas han desaparecido porque ya no las querían criar. El terrier blanco inglés es una raza extinta, de la que ya no existen perros. Criar razas también ha originado problemas de salud en algunos perros. Los bulldog y bóxer han sido criados para no tener el hocico largo de otros perros. Para ellos es difícil respirar con ese hocico corto.

*La cabeza de los cachorros de bulldog suele ser demasiado grande para que salga del cuerpo de la madre **naturalmente**, sin ayuda de las personas. La mandíbula inferior del bulldog es tan protuberante que le cuesta trabajo masticar su alimento.*

nuestros mejores amigos

Para muchas personas, un perro no es sólo un compañero de juegos y un guardián, sino su mejor amigo. Tener un perro es divertido, pero también significa trabajo. Los perros necesitan alimento, agua, refugio, ejercicio y mucha atención para ser mascotas felices y sanas. ¿Tienes un perro?

Bañar al perro puede ser divertido. Estas niñas están listas para quedar empapadas.

El mejor hogar para Fido

Hay muchas razas entre las cuales elegir. Es importante elegir el perro adecuado para ti. Debes averiguar si vivirá afuera o adentro de la casa, cuánto ejercicio necesita y cuánto costará alimentarlo.

Dónde encontrar un perro

Algunas personas los compran en tiendas. Otras los consiguen a través de amigos. También se pueden adoptar de refugios u organizaciones que rescatan perros maltratados, abandonados o perdidos.

Corre, Fido, corre

Un perro necesita mucho ejercicio. Están hechos para correr y estar activos. Muchos se inquietan si los dejan solos mucho tiempo. Pueden encontrar otras formas de liberar energía, como masticar los muebles o esconder zapatos. Llevar a pasear al perro y hacer que corra en busca de palos o pelotas son buenas maneras de que tu perro haga ejercicio.

Alimentación y aseo

Los perros deben comer la cantidad correcta de alimento balanceado según su edad y peso. Los restos de comida de la mesa pueden contener demasiada grasa y sal, y ser poco saludables para los perros. A menudo los perros se asean solos, pero también hay que bañarlos para quitar el polvo de su pelaje. Pregúntale al **veterinario** cuál es la mejor manera de alimentar y cuidar a tu perro según su raza.

¡Buen perro!

El entrenamiento de obediencia correcto le enseña a una persona cómo manejar a su perro para que no lastime a otras personas ni resulte lastimado. Los perros aprenden a responder a órdenes como "sentado", "quieto" y "ven". El entrenamiento de obediencia también los ayuda a acostumbrarse a los extraños y a otros perros. Aprenden a no ser tímidos y no tener miedo de los demás.

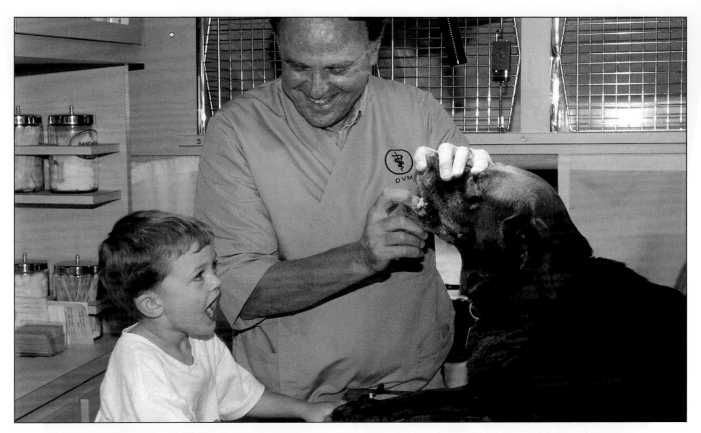

*Las visitas regulares al veterinario ayudan a que tu perro esté sano. El veterinario **vacuna** a los animales para evitar que contraigan rabia y otras enfermedades graves. "¡Di ah!"*

Palabras para saber

ancestro Animal antiguo a partir del cual se desarrollaron especies posteriores

aparearse Unirse para tener crías

camuflaje Colores o marcas que le permiten a un animal confundirse con su ambiente natural

cruzar Hacer que dos animales seleccionados se apareen

domesticar Domar y entrenar a un animal para que viva con las personas y sea útil

dominante Expresión que describe a alguien o algo que tiene todo el control

especie Grupo de seres vivos similares que pueden tener crías unos con otros

glándula Saco dentro del cuerpo que produce y libera una sustancia, como un líquido

madriguera Cueva subterránea que sirve de hogar o escondite a un animal

mestizo Perro de origen desconocido o que proviene de muchas razas

perros callejeros Perros perdidos o abandonados

pura raza Expresión que describe a perros cuyos padres y abuelos son de la misma raza

rastrear Seguir un rastro, tal como el olor de un animal

raza Grupo de animales de una especie que tienen características similares

sumiso Expresión que describe a un ser vivo que permite que otro lo controle

vacunar Inyectar a una persona o animal una vacuna que lo protege contra enfermedades específicas

Índice

Impreso en Canadá